REFLEXIONS
CRITIQUES
SUR UN POËME INTITULÉ
LA LIGUE
Imprimé à Genêve, & attribué à M.
DE VOLTAIRE.

REFLEXIONS CRITIQUES

SUR UN POËME INTITULÉ

LA LIGUE;

Imprimé à Genêve, & attribué à
M. de Voltaire.

M. DCCXXIV.

REFLEXIONS CRITIQUES
SUR
UN POËME INTITULÉ.
LA LIGUE

Imprimé à Genéve, & attribué à Monsieur
DE VOLTAIRE.

LE mauvais succès de nos Poëmes François avoit presque découragé nos Poëtes, aucun d'eux n'osoit esperer de son genie ce grand Oeuvre du Parnasse ; & ce n'étoit pas sans quelque sorte de chagrin, que les Modernes judicieux ne pouvoient rien opposer dans ce genre de quoi balancer l'avantage de la Grece & de Rome ; cependant comme l'amour propre est inépuisable en ressources, ils ont crû trouver dans notre langue dequoi justifier leur esprit, & pour n'être pas contraints de reconnoître la foiblesse de l'un, ils ont accusé l'autre d'insuffisance, & lui ont attribué des défauts pour servir d'excuse à leur imagination.

M. de Voltaire toûjours hardy dans ses concep-

A ij

tions, vient de tenter la justification de notre Poëſie, & prétend rejetter ſur les Auteurs, l'ennuy certain que nous cauſe la lecture de nos Poëmes. Ce n'eſt point par une ſimple diſſertation qu'il a entrepris ce grand projet; il ſçait trop bien par plus d'un exemple qu'il eſt moins difficile de donner de juſtes regles ſur un ouvrage que de les ſuivre, c'eſt l'execution de la choſe même qu'on nous donne pour preuve. Il faut avoüer que M. de Voltaire ne pouvoit choiſir d'argument plus fort ; mais a-t'il bien rempli notre idée ? la Ligue eſt elle un Poëme épique ? je prie le Lecteur de vouloir bien aſſocier ſes reflexions aux miennes, cela ſuffira pour porter un jugement certain ſur un ouvrage, dans lequel il ſeroit deſirable pour notre gloire qu'on ne trouvât rien à reprendre.

Je n'ay pas deſſein de faire ici parade d'érudition; les noms d'Ariſtote & d'Homere n'impoſent pas aſſés à certains eſprits ; peut être que cette retenuë cache d'autres raiſons : je ne citerai point, & je regarde comme admis les principes anciens qui ont produit ce que nous admirons encore.

L'imagination ſeule ne peut enfanter que des images, & ſi la Poëſie doit reſſembler à la peinture, elle doit, comme elle, être aſſujettie à des regles qui diſpoſent les objets, & leur donne des ſituations avantageuſes pour produire les divers mouvemens, dont les Peintres & les Poëtes doivent nous affecter.

La nature eſt le modele des uns & des autres ; s'ils la négligent, rien ne peut nous dédommager de cette perte ; la vivacité des couleurs, le feu des expreſſions ne ſont alors que comme des éclairs qui éblouïſſent les yeux quelque temps, ſans que l'ame reçoive la moindre chaleur ; il n'en eſt pas ainſi de ces Ouvrages, où l'Art ſubordonné au jugement, nous expoſe la verité, il nous la montre toûjours au travers des plus brillantes Allegories, & jamais elle n'eſt obſcurcie par le vain appareil des faux ornemens, notre cœur ſe remplit de toutes les paſſions exprimées; mais il eſt froid malgré la vehemence des figures, pour peu qu'elles ſoient déplacées; lui ſeul eſt ſouvent juge indépendamment de l'eſprit: tel eſt l'avantage du vrai, tout le monde ſi ſoumet, & les critiques les plus paſſionnés ne peuvent lui enlever ſon pouvoir.

Pour ramener ces reflexions generales au ſujet dont il s'agit, je vais commencer par la définition de l'Epopée, telle que nous l'avons reçûë, enſuite j'examinerai ſi la Ligue répond exactement à toutes ſes parties.

L'Epopée eſt un diſcours inventé avec art pour former les mœurs par des inſtructions déguiſées ſous les allegories d'une action importante qui eſt racontée en vers, d'une maniere vraiſemblable & merveilleuſe. *Le Per* *Le Boſſ*

La Ligue eſt un titre compliqué qui ne s'acorde point avec l'unité d'une action, le fondement en eſt hiſtorique, & preſque tous les Epiſodes veritables; quelques vices perſonnifiés font le Poëtique de cet Ouvrage; je ne ſçais quelle eſt la vertu principale qui doit fixer mon attention; la pieté d'Enée fait mouvoir les reſſorts dans l'Enéïde; la colere d'Achille eſt l'objet immediat du Poëte, elle produit les Evenemens dans l'Iliade, ils lui ſont tous aſſujettis comme à leur principe.

Dans le Poëme de la Ligue, je cherche à quoi attribuer l'établiſſement de Henry IV. ſur le Trône, je vois bien que ſa valeur y a beaucoup de part; mais ſa converſion paroît comme neceſſaire, lorſque l'évenement principal a deux caufes réellement diftinctes, je ne conçois pas que l'unité foit confervée. M. de Voltaire répondra que fon deffein eft de chanter Henry IV. par confequent de celebrer toutes les vertus qui ont contribué à maintenir fes droits; alors c'eft une difpute de termes, il pouvoit intituler fon Ouvrage *Hiftoire de Henry IV. en Vers François*; il eft vrai qu'il auroit un terrible procès avec la verité, j'aime encore mieux l'examiner comme Poëte, que comme Hiftorien, il fera plus facile de le ménager : Cependant je fuis perfuadé, fans rien diminuer de la liberté de la Poëfie, que lorfqu'un Auteur ne s'en fie pas à fon imagination pour le choix d'un fujet, il eft obligé de ne rien avancer, ou fouftraire, qui puiffe faire une illufion ferieufe à l'efprit des Lecteurs. J'avouë qu'un Poëme hiftorique ne doit pas être une gazette en Vers, la Poëfie n'eft pas l'efclave de la verité, mais elle n'eft pas fon ennemie, & toutes les ingenieufes fictions qu'elle employe, doivent l'orner, & non pas la détruire. Quand je lis par exemple, que la difcorde eft allée trouver l'amour pour le déterminer à venir furprendre le cœur de Henry IV. & que ce Dieu favorable à cette Deeffe, fe munit de fes traits les plus puiffans, cette fiction ne fait qu'embellir le vray, puifqu'il eft certain que ce Monarque aima la belle d'Etrées; mon efprit accompagne fans repugnance l'amour dans les Pays qu'il parcourt : mais lorfque je fçais par les Mémoires du temps, comment certaines chofes fe font paffées, je fuis fâché de voir que le Poëte pouffe la liberté jufqu'à foumettre les faits au caprice de fes idées, & je croirois la gloire d'un Heros mal fondée, qui n'auroit pour foutien, que la vivacité du ftyle de fon Panegyrifte. Henry IV. eft affés grand de fes propres vertus, fans qu'il soit necessaire d'avilir le caractere de ses rivaux pour rehausser le sien. Ce moyen n'a rien de sublime, il est même défectueux, ce qu'on ôte, par exemple, de la fermeté de M. de Mayenne, est autant de perdu pour la gloire de son vainqueur.

Ce n'est pas ainsi qu'en use Virgile à l'égard d'Enée & de Turnus, maître de l'étenduë des vertus de ses personnages, le partage qu'il en sçait faire, concourt à la grandeur de son Heros, l'histoire ici se trouve d'accord avec l'art que Virgile a employé, pourquoi donc M. de Voltaire, au mépris de l'un & de l'autre, fait-il des portraits à sa fantaisie, sans avoir aucune raison qui puisse le justifier? il en a presque usé de la même sorte avec tous les Seigneurs Catholiques.

Henry IV. est un Prince courageux qui maintient les droits du Trône à la tête d'un party dont les projets n'avoient pas toûjours esté d'accord avec le devoir, on avoit lieu de croire que l'amour de sa Religion regloit son zele pour ce Heros, & qu'il pensoit moins à couronner le Descendant de Saint Loüis, qu'à élever un Protecteur.

Le Calvinisme avoit fait assés de ravages en France, pour que son pouvoir fut redoutable aux Catholiques, le Poëte le reconnoît lui même dans l'Episode du Vieillard qui en fait une description si sincere, humble, dit-il dans sa naissance, à peine osoit-il lever la tête, si-tôt qu'il a senti sa force, il a voulu renverser nos Autels.

Il n'est pas extraordinaire que dans ces circonstances, des Princes ambitieux, ayent abusé de la bonne foy des François, les sujets ne sont pas assés initiés dans les mysteres politiques pour en découvrir toutes les vûës, plusieurs des Liguës ne songeoient qu'à défendre leur Religion; ce motif est puissant,

& si c'est là ce zele aveugle que M. de Voltaire veut éteindre dans le cœur des hommes, la morale de son Poëme me paroît d'une pratique bien difficile, si les Princes n'y contribuënt en se servant de leur autorité pour étouffer, dès leur naissance, les nouveautés dangereuses capables de rompre le lien de la Societé.

C'est donc à tort que le Poëte exagere les vertus des Seigneurs Protestans, & qu'il cherche à noircir toutes celles des Catholiques; les plus illustres défenseurs de Henry IV. l'auroient abandonné s'il eut fait abjuration; la plûpart étoient plus attachés à leurs erreurs qu'à ses interêts, plusieurs des Catholiques formoient des vœux sinceres pour sa conversion, & desiroient le reconnoître pour Roy, ce n'est pas lui qu'ils combattoient; mais l'heresie dont ils le croyent le plus ferme appuy.

Je vais prouver par détail ce que j'avance, je suivrai M. de Voltaire dans ses neuf chants, je serai attentif au sens de ses expressions: Je prie le Lecteur de m'accompagner, & j'espere qu'au lieu d'un discours inventé avec art pour former les mœurs par des instructions déguisées sous les allegories d'une action importante, nous ne trouverons qu'un recit en Vers, dans lequel l'éclat des expressions peut donner à l'esprit des impressions dangereuses, sur tout dans un temps où la liberté de juger nous a peut-être menez déja trop loin.

PREMIER CHANT, *page premiere.*

MOnsieur de Voltaire commence par annoncer qu'il chante les Combats de son Heros, il invoque sa muse pour sçavoir,

> Quelle haine obstinée,
> Arma contre HENRY la France mutinée,
> Et comment nos aïeux à leur perte courans
> Au plus juste des Rois préferoient des Tyrans.

Comment le Poëte, dont le premier dessein doit être de plaire à sa Nation, peut-il, au mépris des circonstances, faire une exposition si temeraire ? Il veut celebrer toutes les actions de Henry IV. qui ont eu pour objet la défaite de la Ligue ; doit-il inscrire au nombre de ses Victoires, la Bataille de Coutras ? n'étoit-il pas alors directement opposé à son Roy ? La Cour n'admet point les restrictions mentales, & les François qui le combattirent alors, ne lui préferoient pas des Tyrans, puisqu'ils obéïssoient à Henry III. leur Souverain.

HENRY IV. né dans le parti Protestant, élevé sous les yeux de Condé & de Coligny devoit être redoutable aux Catholiques, & sans le secours d'une Muse on découvre facilement les motifs de leur resistance je ne prétends pas estre leur Apologiste ; la Religion n'inspire, ni les crimes, ni les revoltes, mais dans l'ordre politique, elle produira toûjours fort naturellement les desordres en question : Les hommes sont imparfaits, la couronne du martyre que M. de Voltaire propose en pareilles conjonctures, n'est pas le fruit de vertus humaines, & Dieu refuse souvent ce saint courage.

Valois eſt dépeint comme un Prince foible qui reconnoît la ſuperiorité de Henry IV. il lui confie les reſtes de ſon autorité chancelante, il l'engage d'aller lui-même demander du ſecours à la Reine d'Angleterre.

Cet Epiſode qui eſt de l'invention de M. de Voltaire, me ſemble mal imaginé; ce n'eſt point la fauſſeté du fait qui me revolte; mais je trouve que la ſituation des affaires, rend ce voyage dangereux & mal concerté : Monſieur de Sully ſuffiſoit à cette négociation, & perſonne ne pouvoit remplacer Henry IV. à la tête d'une Armée dont il méritoit la confiance à juſte titre; quelque courte qu'on ſuppoſe ſon abſence, outre que Neptune ne s'eſt point engagé à lui conſerver la faveur des vens, les Chefs de l'Armée rivale étoient aſſés inſtruits de ce qui ſe paſſoit pour ne pas ignorer une démarche de cette conſéquence; & c'eſt leur ſuppoſer exprès une inaction qui n'eſt pas pardonnable dans un temps où l'on reconnoît que le party de Henry III. étoit le plus foible puiſqu'il étoit contraint de demander du ſecours aux Anglois; M. de Voltaire nous dit cependant que Borée étoit enchaîné dans les airs; expreſſion incomprehenſible ! car du moment que Borée eſt dans les airs tout doit être agité.

L'Epiſode du Vieillard qui s'eſt retiré dans une Grotte, a ſi peu de liaiſon avec ce qui précede & ce qui ſuit, que je le regarde comme une Enigme dont j'attends l'explication avec empreſſement : Cette rencontre fait perdre un temps précieux à Henry IV. quoique le Vieillard diſe des choſes fort ſenſées, j'ay de la peine à me perſuader que Dieu lui ait fait preſent du Livre des Deſtins ; Bourbon a penſé comme moy, car il ne paroît pas bien convaincu de la verité de ſes Oracles, puiſqu'il ne ſe hâte pas de se convertir malgré les avantages qui doivent suivre son changement; il étoit pourtant conforme au caractere de ce Prince, de vouloir regner par les voyes douces, & d'épargner le sang de ses Sujets. Henry IV. continuë son ambassade, il voit Elisabeth, il lui parle avec confiance de lui-même, mais il ménage bien peu l'honneur de son Souverain.

Page 13.

Le bras qui l'a puni le saura proteger.

Est-il jamais permis de s'exprimer de la sorte, quand on parle de son Roy ? Elisabeth accorde le secours, elle demande le recit des troubles de la France; c'est la matiere du second Chant.

DEUXIEME CHANT, *page 17.*

Je ne décide point entre Ceneve & Rome, &c.

L'Auteur lui-même a bien senti la temerité de cette expression: mais la Réponse qu'il donne dans ses Remarques, ne satisfait pas; quelle idée ce Vers donne-t'il de son Heros? peut-il lui soupçonner ce caractere d'indifference dans une chose sans laquelle le reste n'est que folie ? Un Prince destiné pour être Roy, à qui par consequent Dieu confie une partie de sa puissance, ne s'en servira-t'il jamais pour la gloire du premier des Estres son Bienfaiteur, & pour celle de ses Autels? attendra-t'il tranquillement des miracles pour produire des effets que Dieu exige de sa reconnoissance, & met au rang de ses devoirs? C'est nous faire un portrait bien extraordinaire d'un Heros, dont la plûpart des actions ne peuvent être justifiées que par la sincerité de sa croïance dans le temps même qu'il étoit livré à l'erreur.

La manière dont Elifabeth demande qu'elle étoit Medicis ne s'accorde point avec la connoiffance parfaite que cette Reine avoit des intrigues de l'Europe; cette Italienne avoit joüé un affez grand rôle, pour n'être point ignorée, & fes projets avoient trop éclaté pour que fon caractere fut voilé; fur tout à des Puiffances voifines qui ont toûjours un interêt particulier de connoître l'efprit & le cœur de leurs Egaux. Ce n'eft point fur les bruits de la renommée qu'on établit alors fon jugement, la politique enfeigne des voyes plus feures, & moins fujettes à l'erreur qu'on ne les fuppofe; Henry IV. en ne confiderant que les circonftances, peut-être foupçonné de charger les portraits : Je foufcris volontiers avec M. de Voltaire, a la franchife de ce Prince; mais je ne croirai point en douter, lorfque je tâcherai de défendre mon efprit de certains fentimens peu exacts, que la vivacité des defcriptions pourroit lui donner.

Par exemple, je ne m'imagine point que Medicis ait vû la tête de Coligny avec indifference, on ne la fuppofe fans remords, que pour dire qu'elle étoit accoûtumée à de pareils prefens.

Page 24.

Je ne fuis point injufte & je ne prétends pas,
A MEDECIS encore imputer fon trépas;
J'ecarte des foupçons peut-être légitimes.

S'il eft vrai, comme M. de Voltaire en convient dans fes Remarques, que toutes les preuves qui peuvent éclaircir un fait, ont été employées pour connoître la caufe de la mort de Jeanne d'Albret, & qu'on a remarqué qu'elle étoit naturelle; pourquoi ce *peut-être* ? le Vers qui suit détruit-il l'impression que ce mot a donnée au Lecteur ?

Page 23.

Coligny dans son cœur à son Prince fidele.

La politique & la feine Theologie ne reçoivent point cette distinction des actions & des sentimens; on ne peut marquer son infidelité plus clairement, qu'en combattant contre son Prince & contre sa Patrie, les mouvemens interieurs de l'ame que Dieu seul connoît, ne justifient point une revolte ; & c'est mal caracteriser un chef de party, que de s'exprimer de la sorte.

Page 27,

Et bientôt dans le flanc ce monstre furieux,
Lui plonge son épée, en détournant les yeux,
De peur que d'un coup d'œil cet auguste visage,
Ne fit trembler son bras & glaçât son courage.

C'est donner au crime bien du respect pour la vertu !

page idem.

Du plus grand des François, tel fut le triste sort.

La France étoit bien à plaindre alors, de regarder comme le plus grand de ses Sujets, celui qui lui avoit tant de fois déchiré les entrailles.

Nevers, Gondi, Tavanne un Poignard à la main,
Echaufoient les Transports de leur zele inhumain,
Et portant devant eux la liste de leurs crimes, &c.

Par ces expreſſions, le Poëte nous fait entendre que les Seigneurs cy-deſſus nommés, de voient refuſer leurs ordres.

Tranquile au fond du Louvre & loin du bruit des armes.

Comment accorder ce Vers avec ce qui ſuit ? Henry IV. vit à ſon reveil qu'on avoit maſſacré ſes Domeſtiques, ſes portiques étoient inondés de leur ſang, ſon premier coup d'œil lui fit appercevoir ſur le marbre les ſiens qu'on venoit d'égorger ; ce portrait eſt-il bien naturel ? voir tant de triſtes objets autour de ſoi, eſt-ce être loin du bruit des armes, & ce profond ſommeil de Henry ne reſſemble t'il point à un état létargique ?

TROISIE'ME CHANT, *page 30.*

Henry IV. continuë ſon recit, plein de ſes propres vertus, il en parle ſi bien, que tout autre eſt diſpenſé de le loüer ; la modeſtie ſans doute n'eſt pas une vertu de Heros, auſſi n'en accuſera t'on point celui de M. de Volontaire.

Je n'ai plus dans VALOIS *regardé qu'un beau-frere.*

Cette qualité coutoit trop cher à Henry IV. pour qu'elle dût animer ſon courage en faveur de Valois, elle étoit plûtôt capable de produire un effet contraire, puiſque ce fatal Hymen avoit été l'appas dont Medicis avoit ſéduit ſon party.

page 37.

C'eſt un poids bien peſant qu'un nom trop tôt fameux.

La penſée de ce Vers me plaît d'autant plus, qu'elle

convient, & au Prince dont on parle, & à l'Auteur du Poëme, quoi que dans des especes bien differentes.

page 46.

Quiconque a pu forcer son monarque à le craindre,
A tout a redouter s'il ne veut tout enfraindre.

Cette maxime politiquement vraye est detestable dans la morale, je l'entendrois sans surprise de la bouche de Cromvel ; mais je suis étonné qu'un Roy la prononce ; je ne veux pour preuve que l'histoire même. Si M. de Guise avoit été bien convaincu de la verité de cette maxime, il se seroit chargé d'un crime, qui seul nous défendroit aujourd'hui de lui trouver aucune vertu.

page 49.

Maïenne a, je l'avouë, un courage héroïque.

Ce portrait, ainsi que je l'ai déja remarqué, est presque tout entier d'après l'imagination du Poëte, ne sçais en quoi consiste l'habileté d'un general.

page idem.

Dont souvent la lenteur,
Dérobe à son parti les fruits de sa valeur.

Cette sage politique qu'on lui donne, produit des effets bien naturels ; la mort du Duc de Guise le met à la tête d'un party qui ne pouvoit mieux choisir ; l'assassinat de son frere avoit animé de nouveau les Ligueurs, ils avoient poussé leur zele jusqu'à embrasser les statuts du défunt ; quel effort de prudence faloit-il pour réünir des esprits que la même passion excitoit, ainsi que le témoignent les Vers suivans ?

page 48.

Tout Paris croit avoir en ce preſſant danger,
L'Egliſe à ſoutenir & ſon pere à vanger ;

Ce Rival de Henry IV. n'eſt pas bien redoutable, & ſi le Poëte étoit Hiſtorien dans cet endroit, la gloire de ſon Heros n'auroit rien de brillant.

page 49.

Et Rome qui devoit étouffer tant de maux,
Rome de la diſcorde allume les flambeaux ;

Henry IV. eſt encore Proteſtant ; ces expreſſions ne doivent pas ſurprendre ; l'adieu d'Eliſabeth eſt dans le même goût, & ce ſeroit mal répondre aux bonnes intentions de M. de Voltaire, que d'attaquer le ſens des Vers ſuivans.

page 51.

Allez vaincre l'Eſpagne & ſongez qu'un grand homme
Ne doit point redouter les vains foudres de Rome.

page 52.

Si Maïenne eſt vaincu Rome ſera ſoumiſe ;
Vous ſeul pouvez regler ſa haine ou ſes faveurs,
Inflexible aux vaincus, complaiſante aux vainqueurs,
Prête à vous condamner, facile à vous abſoudre,

Ces maximes ſont d'accord avec les ſentimens de cette Reine ; & le Poëte ſeroit tres fâché qu'un Catholique les reçût dans toute leur étendüe ; il eſt vrai que ce ſecond Sermon eſt bien oppoſé à celui du Vieillard de la Grote, mais c'eſt un grand Art ; la Converſion de Henry IV. n'en ſera que plus glorieuſe,

glorieuse, & l'on ne pourra pas le soupçonner, quand il changera, de n'avoir pas connu le bien & le mal.

QUATRIE'ME CHANT. *page 55.*

Valois loin de Henry rempli d'inquiétude,
Du destin des Combats craignoit l'incertitude,

CEtte crainte confirme ce que j'ai avancé au sujet du Voyage d'Angleterre. La Ligue est bien débonnaire, de se regler sur le dessein du Poëte ; quelque lenteur qu'il lui prête, il a besoin d'une espece de miracle pour le retour d'Henry IV.

page 56.

Soudain pareil aux feux dont l'éclat fend la nuë,
Henry vole à Paris d'une course imprevûë,

La Mer est aussi favorable pour le retour, que pour le départ ; Thétis est une Déesse d'autant plus complaisante, qu'elle accorde ses faveurs sans en avoir esté priée : dans l'Eneïde, elle est interessée, ici, elle est bien plus genereuse.

La seule presence de Henry IV. dissipe l'Armée de la Ligue ; le courageux Maïenne prend la fuite ; cette Victoire ne coûte pas cher.

Les choses dans cet état, la Discorde va trouver Maïenne ; après un discours fort pathetique, elle vole droit à Rome, comme à son Païs natal. Le Poëte peint l'ancienne & la nouvelle Rome ; il parle de la grande puissance de l'une & de l'autre, & par le contraste de ces deux portraits, il se forme dans l'esprit du Lecteur un mélange d'idées prophanes, qui ne répondent point à cette grande & sainte révolution

B

qui a transporté la Verité sur le Trône de l'Erreur. Le Poëte a beau nous assurer, que

    C'est delà que le Dieu qui pour nous voulut naître,
    S'explique aux nations par la voix du grand Prêtre,

son style est si peu convenable à la matiere, que le cœur n'est point touché de la chose du monde qui doit l'interesser le plus. Les Catons & les Emiles sont de grands Personnages aux yeux du Paganisme: mais aux yeux d'un Chrétien, ce sont des Morts que la Poësie la plus brillante ne sçauroit ressusciter.

    M. de Voltaire nous dit, que du temps de Sixte Quint, la Politique emprunta la voix de la Verité, pour séduire les Docteurs de Sorbonne; qu'aux ambitieux elle offrit des Grandeurs; aux avares, de l'Argent; aux Sçavans, des Eloges; qu'enfin, elle flatta toutes leurs passions. Elle étoit mal déguisée, ils devoient la reconnoître à ses présens; la veritable Religion offre des travaux & des peines.

    Je souscris avec plaisir à l'Eloge de Thémis; j'ai de son Temple la même idée que le Poëte: cependant ce n'a pas été sans quelque peine, que j'ai tâché de concilier ces trois idées.

    Connoît Rome, l'honore, & la sçait reprimer.

CINQUIEME CHANT. *page 67.*

CE Chant est tout employé à décrire l'Assassinat de Henry III. ce crime est regardé comme l'effet d'une vertu sauvage: Je ne comprens pas qu'on puisse donner au Fanatisme le nom de Vertu; la Religion n'en connoît que d'un genre, il n'y a point d'équivoque là-dessus. De la façon dont M. de Voltaire raconte ce Regicide, on est presque tenté de plaindre l'auteur; sa penitence, ses vœux continuels, cette Priere qu'on lui fait adreſſer à Dieu, les exemples tirés des Livres Saints qu'on lui cite, & pardeſſus tout cela une apparition; qui ne ſeroit pas ébranlé? & quel homme, dans de pareilles circonſtances, ne ſe croiroit pas, comme Clement, dépoſitaire des volontés du Ciel? Ecartons ces idées Poëtiques; les Hommes ſeroient trop malheureux, ſi le crime ſe preſentoit à leurs eſprits ſous des formes ſi puiſſantes; les phantômes que nous avons à combattre, ſont enfans de notre imagination: ce ſont là ces monſtres qu'il faut détruire, ils ne ſe rencontrent jamais avec la Vertu; la Superſtition peut leur donner naiſſance, mais la Verité les étouffe.

Clement ne fut donc qu'un impie & un furieux; on a beau me le dépeindre comme un jeune Solitaire que des Docteurs ont abuſé, de pareilles Leçons n'entrent point dans l'ame d'un honnête homme, encore moins dans celle d'un Religieux ſincerement dévoüé au culte des Autels: Je le regarde comme un ſcelerat, qui ſous l'exterieur de quelques Vertus, cachoit un cœur abominable.

Je ſuis veritablement ſcandaliſé, que M. de Voltaire dans ſa fiction, évoque les manes du Duc de Guiſe, pour inſpirer un crime; ce Prince, tout ambitieux qu'il étoit, n'avoit pas coûtume de s'agrandir par les Aſſaſſinats; ſon cœur n'admettoit point ces moyens timides, & je ne puis conſentir à lui voir conſeiller, après ſa mort, le même Paricide, que ſon ambition ne lui avoit pas permis du temps qu'il en auroit pû tirer les injuſtes avantages: le Poëte lui fait tenir un diſcours, qu'aucune de ſes actions ne nous rend vraiſemblable.

B ij

page 78.

Clement goûtoit alors un paifible bonneur,
Il étoit animé de cette confiance,
Qui dans le cœur des faints affermit l'innocence;

Celle des Saints eft un don du Ciel, l'autre ne pouvoit être que ce calme déteftable qui étouffe les remords; le Poëte répondra, qu'il ne fait ce Paralelle que d'après l'idée de Clement : dans ce cas, l'expreffion n'eft pas jufte.

page 79.

Voilà comme à nos yeux, trop foible que nous fommes,
Souvent les fcelerats reffemblent aux grands hommes;

Nulle perfonne de probité n'a attendu la décifion de M. de Voltaire pour caracterifer Clement.

page idem.

Maïenne dont les yeux favent tout éclairer,
Voit le coup qu'on prépare & feint de l'ignorer,

Et moi j'ignore les Memoires qu'on a fourni à M. de Voltaire, & je n'en connois point qui contiennent ce qu'il avance ici :

page 80.

Jadis de Medicis, l'audace curieufe,
Chercha de ces fecrets la fcience odieufe,
Aprofondit long-tems cet art furnaturel,
Si fouvent chimerique & toujours criminel,

page 81.

Un Poëte auffi éclairé que M. de Voltaire, peut il

donner le nom de Science à un Recueil d'horreurs & de superstitions ? comment peut-il dire simplement, que cet Art est souvent chimerique ? s'il peut arriver une fois qu'il ne le soit pas, n'en est-ce pas assez pour solliciter les Hommes à s'abandonner encore à ces ridicules recherches que la raison confond avec la folie ?

Le Prêtre de ce Temple est un de ces Hébreux,

Il me paroît une affectation dans ce choix; les Juifs ne sont pas les seuls Peuples livrés au desir insensé de connoître l'avenir, & cet antique amas de superstitions, dont le Poëte assure que les Hebreux ont rempli l'Univers, abandonne également à l'imagination, les choses Saintes avec les Prophanes. L'Assemblée des Seize, qui prétend découvrir l'avenir, est un épisode absolument inutile, la Morale en est dangereuse, puisqu'il est propre à entretenir la superstition, dont M. de Voltaire s'est déclaré le plus redoutable adversaire.

page 82.

Il subit sans alarme un examen severe;

Si cela étoit, on auroit trouvé le Poignard de Clement ; on ne lui fit apparemment que de simples questions, ce qui n'est pas bien exprimé par *un Examen severe*, qui en pareil cas, doit être une recherche generale.

page 83.

Souffrez, dit-il, grand Roy que ma timide voix;

Cette harangue de Clement, ne me donne nullement l'idée d'un jeune Solitaire qui croit agir par les simples mouvemens de la Religion ; il employe ici tout ce que l'artifice & la perfidie ont de plus séducteur, il flatte, il loue, il feint d'aimer un Prince qu'il vient assassiner ; tant de politique entre-t-elle dans une ame qu'un zéle aveugle conduit, & Clement n'a-t-il pas dû penser qu'une action qui avoit pour précurseurs le mensonge & la trahison, ne pouvoit être qu'un crime : quels détestables Docteurs ont pû parler autrement ?

page 86.

Peut-être un jour viendra qu'une main plus barbare,
Juste Ciel épargnez une vertu si rare ;

A propos de quoi M. de Voltaire fait-il un Prophete de Henry III ?

SIXIEME CHANT.

C'EST ici sans doute une imitation de la Descente d'Enée aux Enfers ; mais quelle imitation ! Virgile dans cette fiction, n'abandonne point sa Theologie, tout est conforme à la créance des Hommes ausquels il parle : ici c'est le contraire. Un Saint quitte le séjour permanent de la Gloire, pour conduire Henry IV. aux Enfers : Je n'ai pas oublié que ce n'est qu'un songe, mais il est si bien arrangé d'ailleurs, que c'est dommage qu'il peche dans cette circonstance : Quelle idée, d'appuyer sur la foi d'un songe, ce qu'on veut nous débiter comme des verités ! seroit-ce un Art du Poëte, pour sauver à la faveur d'un fondement si fragile, les rêveries qu'il nous débite ? je nomme ainsi ce qu'on assure sans preuve : Tel est ce Globe mysterieux, placé audessus des tourbillons, où Dieu forme ces Esprits immor-

tels, qui fe répandent enfuite dans les divers Mon-
des. Quels Voyageurs Lunatiques, ou Solaires, ont
inftruit M. de Voltaire de l'exiftence de ces Peuples?

Voyageons un moment avec Henry IV. dans les
Enfers; je ne fuis point furpris d'y voir Clement,
non plus que ces criminels dont on me parle, mais
je me garderai de vouloir pénétrer les deffeins de
l'Eternel par de téméraires réflexions, j'admirerai la
profondeur de fes Jugemens dans le filence. Tranf-
portons-nous au Ciel, confiderons les Ames bien-
heureufes, ce fpectacle eft plus confolant.

Henry IV. apperçoit d'abord Charlemagne,
Clovis & Loüis XII. enfuite le Cardinal d'Ambòife
& plufieurs Heros François : Il n'eft pas étonné de
n'y voir, ni le Prince de Condé, ni l'Amiral de
Coligny, fon indifference pour ces illuftres Perfon-
nages n'eft point naturelle : cette réflexion feule
étoit capable de lui prouver; que hors le vrai culte
de Dieu, toutes Vertus font fteriles, & par confequent d'accelerer fa converfion; quand l'efprit d'un
Heros eft foumis aux idées d'un Poëte, il n'eft point
furprenant qu'il s'écarte. Antoine de Navarre voit
fon fils avec joie, & moi je fuis furpris de le trouver
là, attendu qu'il eft écrit dans les Remarques de
M. de Voltaire, que la Religion de ce Prince étoit
équivoque : Cet endroit du Poëme n'eft point inf-
tructif; heureufement, encore une fois, ceci n'eft
qu'un fonge, mais un fonge myfterieux qui va même
découvrir l'avenir.

Saint Loüis conduit Henry IV. dans le Temple
du Deftin; ils lifent tous deux un Livre inexplica-
ble; la Gloire de Loüis XIII. la Grandeur de Loüis
XIV. y paroiffent avec éclat; le faint Interprete
affure que ce dernier Prince fera plus redouté &
mieux obéï que Henry, mais qu'il fera peut-être

moins aimé : Un *peut-être* dans le Livre du Deſtin, où tout eſt marqué avec évidence, où les évenemens ſe montrent ſans voile ; en verité, ce *peut-être*, s'il ſe voit dans le Livre du Deſtin, ce ne ſera que dans la nouvelle Edition que le Poëte nous donne de ce Livre redoutable. On peut aſſurer qu'il l'a augmenté, car non ſeulement ſaint Loüis y fait remarquer la Gloire future des Bourbons, il découvre ce qui ne peut jamais être ; ce Livre nouveau contient plus de choſes que la Science de Dieu-même ; le néant ne s'apperçoit point. Je mets dans ce genre le bonheur dont un Peuple doit joüir quelque jour, ſous les Loix d'un Prince déja mort : Tel eſt ce qu'on lit de Monſeigneur le Duc de Bourgogne ; ſes Vertus pouvoient bien donner aux François des eſperances flatteuſes, mais après ſa mort, tout eſt détruit par rapport à lui. Le Livre du Deſtin ne doit contenir que des faits, & non pas des conjectures.

 Je ſuis fâché que ſaint Loüis mette abſolument en ſouhaits, ce qui eſt déja en joüiſſance ; le Temple du Deſtin n'eſt point encore fermé, & cependant on ne nous aſſure rien de la Gloire de Loüis XV. On déſire, on forme des vœux, on invite Meſſieurs de Villeroy & de Fleury, de conſerver ce précieux Dépôt ; cet ouvrage eſt déja fait, il me paroît qu'il y auroit plus d'art à nous peindre la France heureuſe, & à nous montrer cette illuſtre Poſterité des Bourbons, reprenant de nouvelles racines, & étendant ces Rameaux d'un Pole à l'autre : lorſqu'on eſt le maître de diriger un ſommeil, peut-on le rendre trop charmant ?

SEPTIEME CHANT.

CE Chant contient la Bataille d'Ivry, M. de Maïenne y est peint comme un General inquiet & abattu ; la seule vûë de l'Armée Ennemie le consterne ; son ame est frappée de ces pressentimens que les grands courages ne connoissent point : ce qui prouve ce que j'ai déja reproché à M. de Voltaire, de n'avoir pas eu soin de conserver au Rival de son Heros, ce nombre de Vertus necessaires à redoubler la gloire du Vainqueur. La Discorde fremit du Triomphe de Henry IV ; elle perd l'espoir de le vaincre par les Armes des Ligués ; elle va trouver l'Amour, pour lui exposer sa rage & son dépit, & pour le solliciter de la servir dans cette occasion : c'est la matiere du huitiéme Chant.

HUITIEME CHANT.

LE Poëte répond bien mal à l'empressement de la Discorde, & peut-être à celui du Lecteur ; il tâche de l'amuser agréablement par la description de l'Idalie, mais son esprit est dans une situation si vive, qu'il s'ennuïe dans ces Païs charmans. La Discorde arrive cependant ; elle écarte les ris & les jeux, & penétre jusqu'au Sanctuaire de l'Amour.

La réponse du Dieu est favorable à ses desseins ; il part. M. de Voltaire nous fait une description Géographique de son Voyage ; il fait même des Remarques Historiques, dont la Discorde doit enrager, car c'est une Déesse bien vive qui demande des actions, & non pas des récits.

Enfin l'amour surprend le cœur de Henry IV. mais il me semble qu'il trahit ici les interêts de sa nouvelle sœur par la façon dont il conduit cette affaire, lorsqu'on fait passer si facilement des désirs à la satisfaction. Ce n'est pas un moyen bien assuré pour retenir long-temps un Heros : on a lieu de croire que la joüissance prêta beaucoup de force au discours de Monsieur de Sully, effectivement l'entreprise de la Discorde devient inutile, l'Amour n'a songé qu'à lui, Henry IV. se rend à la voix de la Victoire qui l'appelle, & comme selon l'Histoire il est certain que les plaisirs de ce Monarque ne lui firent perdre aucun des avantages de sa valeur, ce huitiéme chant devoit être écrit avec brieveté pour donner au Lecteur une idée de la verité : pour moi j'avoüe qu'il m'a tellement séduit que je n'ai presque plus le courage de voir le Siege de Paris, cependant il convient d'accompagner le Heros.

NEUVIEME CHANT.

Suspendons nôtre vivacité, le Poëte juge à propos de nous apprendre auparavant les loix fondamentales de la nation au sujet de l'élection des Rois lorsque la Maison regnante est éteinte, les Etats vont se tenir, & le Lecteur ne peut se dispenser d'y assister, Monsieur Daubray l'en sollicite par une harangue ferme & solide, il prête cependant à Henry IV. des sentimens qui ne s'accordent point avec la grandeur d'ame de ce Heros, il veut insinuer aux Etats que ce Prince respecte jusqu'à leurs abus, cette deference annonce de la foiblesse.

Pendant que les Ligués écoutent ce discours qui combat leurs mauvaises intentions, la nouvelle arrive que l'Armée de Henry IV. est aux portes de Paris. La description de cette grande ville affamée eſt très pathetique, le Poëte a cru devoir paſſer ſous ſilence le fait du Duc de Parme, la raiſon qu'il en donne dans ſes Remarques eſt-elle ſuffiſante ? ne peut-on pas être Heros, & n'être pas toûjours vainqueur ? quand un Poëme eſt Hiſtorique, & que les faits dont on parle ſont encore recens, eſt-il permis de reſpecter ſi peu la verité ? eſt-on veritablement riche, parce qu'on enleve aux autres leurs tréſors ? un Heros en eſt-il plus grand réellement, parce qu'on a ſoin de ſouſtraire ceux qui ont eû l'avantage de lui reſiſter quelque temps ? La liberté de retrancher un fait de cette importance, loin de concourir à la gloire du perſonnage principal, n'eſt-elle pas plûtôt capable de donner un air de Roman à d'autres verités qui ſont les fondemens de l'ouvrage, & de decrediter par conſéquent, les vertus même qu'on veut celebrer ? Quoiqu'il en ſoit Henry IV. devient le maître de Paris, ſes bienſfaits achevent ce que ſes armes ont commencé, & la Religion perfectionne le tout.

Ou le ſecours des Anglois conduit par le Comte Deſſeix à été inutile, ou le Poëte manque de reconnoiſſance à leur égard, il ne daigne pas en dire un mot depuis qu'ils ſont entrés dans la France, il ne les cite dans aucune Place d'honneur, ni à la Bataille d'Ivry, ni au Siége de Paris, on diroit que cette Nobleſſe Angloiſe n'a paſſé les mers que pour ſe reſſouvenir qu'autrefois leurs ayeux ont regné dans cet Empire ; cela ne vaut pas les frais du voyage de Henry IV.

Saint Loüis toûjours attentif aux démarches de Henry, ſe détermine enfin à prier Dieu pour la converſion de ce Prince. c'eſt ainſi qu'il adreſſe la parole au ſouverain Etre.

page 155.

Pere de l'Univers si tes yeux quelquefois,
Honorent d'un regard les peuples & les Rois,

Un Saint, le témoin éternel de la Providence Divine, peut-il douter un instant, que l'œil de la Sagesse voit l'Univers entier dans tous les temps?

page idem.

Vois ce Roy triomphant, ce foudre de la guerre,
L'exemple, la terreur, & l'amour de la terre,

Eu égard à la distance infinie du premier des Estres & du reste des mortels, cette façon d'annoncer Henry IV. à Dieu, n'est pas fort humble.

page idem.

Faut-il que de tes mains le plus parfait ouvrage,

Cette expression est-elle vraye, lorsqu'elle s'addresse au Dieu des Chrétiens.

Ah! si du grand HENRY ton culte est ignoré,
Par qui le Roy des Rois veut-il être adoré?

Cette question, & l'air dont elle est proposée ne sont gueres conformes à l'esprit que l'Eglise exige dans la priere ; Monsieur de Voltaire croit-il qu'on change de langage au Ciel, & n'est il pas persuadé plûtôt, que la sainteté n'est que l'étenduë & la durée des mêmes vertus qui ont procuré la beatitude.

Voici toutes mes remarques sur ce qu'on appelle le Poëme Epique de la Ligue. Je ne doute pas qu'il ne puisse subir un examen plus rigoureux si on r'approche de lui les régles d'Ariftote, & d'Horace, cet ouvrage eft refervé aux Savants. Monfieur de Voltaire peut préfentement defavoiier fon Livre : mais le public le reçoit toûjours comme un enfant de fon imagination que le Jugement légitimera quelque jour ; il reffemble trop à fa mere pour le méconnoître, ces traits vifs & hardis, cette pompe des expreffions, ces Epifodes, qui ne font pour ainfi dire liés que par des Eclairs, le mépris des regles ; toutes ces circonftances ne permettent pas d'en douter. J'avouërai cependant avec fincerité, que je foufcris volontiers à la décifion d'un de mes amis homme modefte, mais éclairé ; il affure que ce Poëme tout defectueux qu'il eft, nous remet en droit d'efperer de pouvoir confoler quelque jour les Mufes Françoifes, & d'enrichir notre Parnaffe d'un véritable Poëme Epique, il ajoûte que perfonne ne lui paroît plus capable d'executer ce grand deffein que Monfieur de Voltaire lui-même.

FIN.

www.ingramcontent.com/pod-product-compliance
Lightning Source LLC
Chambersburg PA
CBHW060607050426
42451CB00011B/2127